Die Entstehung der Hessischen Verfassung 1946

Bereits 20 Monate, nachdem amerikanische Truppen erstmals bis in Gebiete des heutigen Hessen vorgestoßen waren, trat im Land eine Verfassung in Kraft, und zwar mit den Weihen des Volkes versehen. Somit konnte der demokratische Aufbau auf Landesebene nach zwölf Jahren menschenverachtender Diktatur abgeschlossen werden. Dass Hessen schon am 1. Dezember 1946 mit der Volksabstimmung über die Verfassung, die gleichzeitig mit den ersten Landtagswahlen stattfand, zum Verfassungsstaat wurde, ist umso erstaunlicher, als der demokratische Wiederaufbau auf Trümmern erfolgte, auf sichtbaren und unsichtbaren.

Kriegsfolgen: Auch kleinere und mittlere Städte wie hier Fulda sind zu Trümmerlandschaften geworden.

Die Städte waren in Schutt und Asche gelegt worden, die Bevölkerung kräftemäßig und mental ausgelaugt, belastet mit dem Vergangenen, dem totalitären Hitler-Regime, und den alle Bereiche beeinträchtigenden Folgelasten von mehr als fünf Jahren Krieg. Eine wesentliche Wegmarke zum Aufbau der Demokratie stellte die Landesverfassung dar, auf die die amerikanische Besatzungsmacht besonderen Wert legte, denn nur mit einer vom hessischen Wahlvolk angenommenen Verfassung konnte die Übertragung von Verantwortung auf die deutschen Politikträger erfolgen. Wenngleich Hessen die rasche demokratische Konsolidierung also ganz wesentlich auch der amerikanischen Besatzungsmacht verdankte, so war die Verfassung das Werk der hessischen Politiker, die zu einem Großteil aus Widerstand und Verfolgung kamen und am Neubau einer neuen stabilen Demokratie mitwirken wollten. Mit der Zustimmung durch das Volk gewann die Staatsgrundlage noch mehr an Gewicht. Das alles geschah „unter fürsorglicher Obhut der Amerikaner" in einem Tempo, das kaum einer der Besiegten bei Kriegsende so hatte voraussehen können.

Kriegsende und Verwaltungsaufbau

Das Kriegsende nahte für Hessen in der zweiten Märzhälfte 1945. Am 22. März setzten Einheiten der 3. US-Armee bei Oppenheim über den Rhein und betraten damit erstmalig die Gebiete, die zu dem im September 1945 aus der Taufe gehobenen Land (Groß-)Hessen gehören sollten. Zum Zeitpunkt der sukzessiven Besatzung bestand das spätere Land noch aus dem ehemaligen Volksstaat Hessen (-Darmstadt) und preußischen Gebietsteilen, den 1944 aus der Aufspaltung der Provinz Hessen-Nassau gebildeten Provinzen Kurhessen und Nassau. Zweieinhalb Wochen nach dem Rheinübertritt war das gesamte hessische Territorium von US-Truppen okkupiert. Damit begann die Zeit der amerikanischen Besatzung Hessens, die bis zur Gründung der Bundesrepublik dauern sollte.

Unmittelbar nach den kämpfenden Truppen erreichten spezielle Militärregierungseinheiten die befreiten Gebiete. Sie hatten nun das Sagen. Wenn auch mitunter die kommunalen Spitzen wie der seit 1930 amtierende Fuldaer Oberbürgermeister Franz Danzebrink, ein Mann der katholischen Zentrumspartei, der 1937 der NSDAP beigetreten war, noch bis Ende Juni unter Kuratel der Amerikaner im Amt verblieben, so installierten die Militärregierungen nach dem Einmarsch flächendeckend neue deutsche Verwaltungsleiter, zunächst in den Gemeinden und Kreisen. Nunmehr führten zumeist unbelastete Persönlichkeiten die Behörden. Manch einer der recht schnell Erwählten zeigte sich der Aufgabe nicht gewachsen. Andere wiederum boten den Amerikanern Paroli, die dann einen hartnäckigen neuen Verwaltungschef mitunter gern aus dem Amt befördern wollten. In der Mehrzahl erwiesen sich die neuen Bürgermeister jedoch als treffliche Wahl, insbesondere wenn die Besatzungsbehörden auf Politiker zurückgriffen,

die schon in Weimar Verantwortung getragen hatten und einige Erfahrung im politischen Verwaltungshandeln mitbrachten.

Die neuen Machthaber dachten beim Aufbau neuer deutscher Verwaltungen nicht daran, die ein Jahr zuvor von den Nationalsozialisten vollzogene unsinnige Teilung der preußischen Provinz Hessen-Nassau fortleben zu lassen. So machten die Amerikaner am 14. April 1945 den Sozialdemokraten Ludwig Bergsträsser in Darmstadt zum Regierungschef, der zunächst nur für die hessische Provinz Starkenburg, dann auch für die restlichen Teile des Volksstaates Hessen zuständig war, die in der US-Zone lagen. Anfang Mai wurde Fritz Hoch (SPD) Ober- und Regierungspräsident in Kassel, der damit in erster Eigenschaft der gesamten (alten) Provinz Hessen-Nassau vorstand. In Wiesbaden ernannten die Amerikaner für den dortigen Regierungsbezirk den ehemaligen Reichsrundfunkkommissar Hans Bredow zum Regierungspräsidenten, der jedoch schon am 4. August durch seinen Stellvertreter Martin Nischalke (SPD) ersetzt wurde.

Der weitere Verwaltungsaufbau hing von der Entscheidung der Amerikaner über die Bildung von Ländern in der eigenen Besatzungszone ab. Beeinflusst wurde die Frage von der Aufteilung in Besatzungszonen, denn Frankreich als vierte Siegermacht erhielt auch hessische Gebiete, und zwar aus Nassau vier rechtsrheinische Kreise im Westerwald und aus dem vormaligen Volksstaat Hessen(-Darmstadt) das linksrheinische Rheinhessen. Zunächst verfügte die US-Militärregierung im Juni 1945 die Gründung von zwei Ländern, einem Hessen-Nassau aus den preußischen Gebietsteilen, und einem Hessen, das aus dem ehemaligen Volksstaat bestand. Doch schon bald revidierten sie diese Entscheidung, auch weil von hessischer Seite immer stärker die Vereinigung der hessischen Territorien gefordert wurde. So verfügte die US-Militärregierung nach ausgiebigen Diskussionen am 19. September 1945 die Gründung des Landes „Groß-Hessen", wie es zunächst hieß. Das neue Land, das sich mit der Annahme der Verfassung den Namen „Hessen" gab, umfasste die in der amerikanischen Zone liegenden Teile der einstigen preußischen Provinz Hessen-Nassau und des ehemaligen Volksstaates Hessen (-Darmstadt). Die Vereinigung der hessischen Territorien entsprach mehrheitlich den Wünschen der Bevölkerung, war es doch eine alte hessische Forderung. Sie wurde durch die Amerikaner Wirklichkeit, wenn auch nur teilweise, denn weite ursprünglich hessische Gebiets-

teile blieben als Opfer der Zonengeografie ausgeklammert. Die der französischen Zone zugeschlagenen Gebiete wurden später Teil des neuen Landes Rheinland-Pfalz.

Die mit der Bildung des Landes anstehende Hauptstadtfrage wurde pragmatisch gelöst. Die Entscheidung fiel auf Wiesbaden, das weniger zerstört war als die anderen infrage kommenden hessischen Großstädte und wo bereits die US-Einheit von Oberst James R. Newman residierte, die bis dahin als für den Regierungsbezirk Wiesbaden zuständige Militärregierung gute Arbeit geleistet hatte und daher von den übergeordneten Instanzen zur US-Zentrale in Hessen bestimmt wurde, mit dem offiziellen Titel „Office of Military Government Land (Greater) Hesse(n)".

Newmans Amt präsentierte Mitte Oktober 1945, einen Monat nach der Landesgründung, die erste Landesregierung unter dem 67-jährigen parteilosen Minister-

Die erste hessische Nachkriegsregierung bei einer Kabinettssitzung mit (v. l.): Gottlob Binder (SPD), Hans Venedey (SPD), Werner Hilpert (CDU), Wilhelm Mattes (parteilos), Ministerpräsident Karl Geiler und Georg Häring (SPD).

präsidenten Karl Geiler, einem der profiliertesten Wirtschaftsanwälte der Weimarer Zeit. Auf der politischen Bühne der ersten Republik war der liberal-konservative Großbürger, der nebenberuflich an der Heidelberger Universität gelehrt hatte und dann von den Nationalsozialisten als „jüdisch versippt" vom Lehrbetrieb ausgeschlossen worden war, nicht in Erscheinung getreten. 1945 war er ein politischer Quereinsteiger mit ungewöhnlichem Karrieremuster, den die Besatzungszeit hervorbrachte. Innerhalb des Kabinetts besaß der Ministerpräsident eine überaus starke Position, die auch im Staatsgrundgesetz vom 22. November 1945, in gewisser Hinsicht die vorläufige Verfassung, niedergelegt wurde.

Am Kabinettstisch versammelte der Nicht-Hesse Geiler Vertreter aller politischen Richtungen, darunter Männer aus Verfolgung und Widerstand wie den aus Sachsen stammenden Buchenwald-Häftling Werner Hilpert, nach dem Krieg lange Jahre Vorsitzender der CDU in Hessen, den Sozialdemokraten Georg August Zinn, der als Ministerpräsident ab 1950 für fast zwei Jahrzehnte die Geschicke des Landes prägen sollte, sowie den ehemaligen preußischen Landtagsabgeordneten und Organisationsleiter der KPD in Hessen Oskar Müller, der einige Jahre in den Konzentrationslagern gelitten hatte.

Entfaltung der Demokratie von unten nach oben

Mit der Zusammensetzung der Regierung zeigten sich nicht alle der gerade zugelassenen Parteien einverstanden, hatten sie doch kaum Einfluss auf die Auswahl der Minister nehmen können. Parteien hatten sich in der amerikanischen Zone seit August 1945 wieder organisieren können. Zunächst hatten die Besatzungsbehörden zwar parteipolitische Aktivitäten offiziell verboten, jedoch sogenannte „Antifaschistische Ausschüsse" gewähren lassen, die sich unmittelbar nach Kriegsende aus Gegnern und Verfolgten der Hitler-Diktatur gebildet und erste Wiederaufbauarbeit geleistet hatten. Sie lösten sich mit der offiziellen Zulassung der Parteien, die sich schon zuvor unter stillschweigender Duldung der Militärregierung zusammengefunden hatten, wieder auf. Zum Jahreswechsel 1945/46 hatte sich landesweit ein über die gesamte Besatzungszeit bestehendes Vier-Parteien-System etabliert.

Als erstes waren die Sozialdemokraten und Kommunisten wieder zur Stelle. Die SPD wehrte die späteren Fusionsangebote der von ihrem Wählerzuspruch herb enttäuschten Kommunisten ab. Die hessische SPD zog wie alle Landesverbände im Westen konsequent den Trennungsstrich zur KPD, vor allem nachdem in der sowjetischen Zone unter erheblichem Druck der Besatzungsmacht und der Kommunisten im April 1946 die Sozialistische Einheitspartei Deutschlands (SED) aus SPD und KPD gebildet worden war. Die KPD in den Westzonen und auch in Hessen geriet mit zunehmender Dauer immer stärker in das Fahrwasser der Ost-Berliner SED-Parteiführung und verlor im Ost-West-Konflikt als Vasall Moskaus zusehends an Reputation.

Auf der anderen Seite des politischen Spektrums entstanden

zwei vollkommen neue Parteien. Die Christlich-Demokratische Union (CDU) integrierte als überkonfessionelle Sammlungsbewegung ganz unterschiedliche Interessen, zum einen Gruppen mit einem ausgesprochen linken Profil wie in Frankfurt, wo ein „Sozialismus aus christlicher Verantwortung" entwickelt wurde, aber auch solche mit konsequent wirtschaftsliberalen Zielen. Nach vorn drängten soziale Pragmatiker und konservative Kräfte. Gleichwohl rangierten die Hessen innerhalb der westdeutschen christdemokratischen Verbände, die sich erst 1950 ein gemeinsames organisatorisches Dach gaben, auf dem linken Flügel. Als Koalitionspartner der SPD, mit der sie ab Ende 1946 gemeinsam die Regierung bilden sollte, nahm sie im hessischen Parteiengefüge eine Position links von den Liberalen ein.

Die Liberal-Demokratische Partei (LDP) – seit Bildung eines westzonalen Verbandes im November 1948 Freie Demokratische Partei (FDP) – konsolidierte sich auf Landesebene später als die drei anderen Parteien und durchlief einen konfliktreichen Gründungsprozess mit scharfen Kontroversen über den künftigen Kurs zwischen sozialliberalen und wirtschaftsliberalen Kräften, der dann mit einem Sieg des rechtsbürgerlichen Flügels endete. Die Partei zog als konservativ-nationale Sammlung Nutzen aus der Kooperation von SPD und CDU, indem sie die unzufriedene liberal-konservative Gefolgschaft der Union, die eine Koalition mit den Sozialdemokraten ablehnte, für sich gewinnen konnte.

Die Teilhabe der Parteien an der Politikgestaltung hing von der Besatzungsmacht ab. Der Aufbau demokratischer Strukturen in Hessen erfolgte nach den Plänen der Amerikaner. Sie wollten die Deutschen behutsam an die Demokratie heranführen, und zwar „von unten nach oben". Zunächst sollten in den Gemeinden bis zu 20.000 Einwohner gewählt werden. Doch nur recht zögernd willigten die deutschen Politiker ein, so rasch nach Kriegsende Wahlen durchzuführen, hielten sie doch die Deutschen nach zwölf Jahren Diktatur längst noch nicht reif für ein demokratisches Votum. Die hohe Beteiligung mit knapp 85 % bei den ersten Wahlen in den Gemeinden am 20. und 27. Januar 1946 ermunterte die Amerikaner zur Fortsetzung der demokratischen Fundamentierung. Am 28. April bestimmten die Hessen allesamt ihre Kreistage, am gleichen Tag fanden die Wahlen in den kreisangehörigen Städten mit über 20.000 Einwohnern und dann am 26. Mai in den neun kreisfreien Städten statt. Schon im ersten Nachkriegsjahr offenbarte sich eine dann über Jahrzehnte andauernde Vorherrschaft der sozialdemokratischen Partei im Land, die bei allen Wahlen 1946 über 40 % erzielte.

Die SPD wollte aus ihrem Erfolg in den ersten Wahlen im Januar auch landespolitischen Nutzen ziehen und forderte am 10. Februar den Rücktritt von Ministerpräsident Geiler. Das war zwar recht selbstbewusst, aber wohl doch ein wenig zu forsch und zu früh vorgetragen. Die Militärregierung wies den Anspruch auf den Präsidentensessel als Eingriff in ihre Machtvollkommenheit zurück. Damit war die Sache erledigt. Die doch einige Wellen schlagende Februarkrise führte noch einmal vor Augen, dass mit der bedingungslosen

Kapitulation alle Entscheidungen in den Händen der Besatzungsmächte lagen.

Sie steckten den Rahmen des weiteren Demokratieaufbaus ab. Nächster Schritt auf dem Weg zur Demokratie im Land war der Beratende Landesausschuss. Gemäß Staatsgrundgesetz hatte dieses von den vier landesweiten Parteien SPD, CDU, KPD und LDP paritätisch beschickte Vorparlament als Vorläufer einer künftigen Volksvertretung beratende Funktion und sollte vor Erlass wichtiger Gesetze gehört werden. Mitbestimmen konnte es nicht. Der Landesausschuss mit

seinen 48 Abgeordneten, darunter nur fünf Frauen, war nicht durch Wahl legitimiert und besaß also auch keine gesetzgebenden Befugnisse, so dass seine Bedeutung in der Landespolitik eher gering blieb. Der Ausschuss, der sich am 26. Februar 1946 konstituierte, fungierte als Brücke zwischen Landesregierung und Parteien und war Experimentier- und Übungsfeld des Nachkriegsparlamentarismus. Hier wurden die demokratisch-parlamentarischen Spielregeln (wieder) eingeübt. An seine Stelle trat dann im Juli 1946 die Verfassungberatende Landesversammlung als erstes demokratisch konstituiertes Parlament im neuen Hessen.

Etappen auf dem Weg in den Verfassungsstaat

Die Amerikaner erließen bereits am 4. Februar 1946 einen detaillierten Fahrplan zur Ausarbeitung der Verfassung: Bis zum 30. Juni hatten Wahlen zu einer Verfassungsversammlung stattzufinden, die spätestens zwei Wochen nach der Wahl zusammentreten musste. Die Verfassung sollte dann bis zum 15. September vorliegen und gleichzeitig mit den ersten Landtagswahlen am 3. November einem Volksentscheid unterworfen werden. Das waren knappe Fristen: In nur zwei Monaten sollte eine Verfassung erarbeitet werden. Trotz des sehr engen Terminkorsetts wurde der ambitionierte Zeitplan von den Hessen mit einigen geringfügigen Verschiebungen eingehalten: Landtagswahlen und Volksabstimmung fanden schließlich am 1. Dezember 1946 statt. Sie bildeten den End- und zugleich

Im Lichte der Öffentlichkeit: konstituierende Sitzung des Beratenden Landesausschusses am 26. Februar 1946 im „Deutschen Theater" (später „Hessisches Staatstheater") in Wiesbaden; auf der Bühne Vertreter der Landesregierung.

Höhepunkt des Demokratisierungs-prozesses auf Landesebene.

Bevor aber die gewählte Landes-versammlung Mitte Juli 1946 ihre Arbeit aufnahm, hatte ein vom Ministerpräsidenten berufener Sach-verständigenausschuss Vorarbeiten für die Verfassung zu leisten. Um die Zivilgesellschaft zu beteiligen und ein möglichst weites Spektrum der Meinungen in der Verfassung ab-zubilden, ordneten die Amerikaner in der grundlegenden Februar-Direktive an, gesellschaftliche Gruppen und Personen zur Ver-fassungsproblematik zu befragen. Dazu diente ein Fragebogen, den der Vorbereitende Verfassungs-ausschuss an 34 Personen sowie 17 Institutionen und Körperschaften versandte. Der Vorbereitenden Ver-fassungskommission gehörten u. a. die Politiker Ludwig Bergsträsser (SPD), Heinrich von Brentano (CDU) und Leo Bauer (KPD), die Minister Werner Hilpert (CDU) und Georg August Zinn (SPD) sowie der Frank-furter Historiker Otto Vossler an.

Großen Einfluss auf die Diskussio-nen besaß der Heidelberger Rechts-wissenschaftler Walter Jellinek, der einen ersten richtungweisenden Verfassungsentwurf entwickelte. So präsentierte die Kommission über die eigentliche Aufgabe der Materialsammlung hinaus im Juni einen Entwurf für eine Verfassung, der von liberalkonservativem Gedankengut durchdrungen war. Vieles blieb zwar offen, weil die Ansichten doch weit aus-einanderklafften. Das betraf die Wirtschafts- und Sozialordnung und die Bestimmungen über Staat und Kirche. Diskutiert wurde auch die Einrichtung eines vom Volk gewählten Staatspräsidenten (neben dem Ministerpräsidenten

als Regierungschef) und einer in den Gesetzgebungsprozess ein-zubauenden Zweiten Kammer. Beides fand jedoch im Ausschuss keine Mehrheit. Dennoch nahm die Regierungskommission mit dem Entwurf der Verfassungsberatenden Landesversammlung einiges an Arbeit ab, so dass die gewählten Parteivertreter sich ganz auf die nicht wenigen strittigen Problem-felder konzentrieren konnten.

In den vier landesweit zugelassenen Parteien hatte zwischenzeitlich eine mehr oder minder intensive Ver-fassungsdiskussion stattgefunden. Diese schritt bei den Sozialdemo-kraten, die eine eigene Verfassungs-kommission bildeten, am weitesten voran. Die Sondierungen mündeten in die „Hochwaldhäuser Beschlüsse" vom 30. Mai 1946. Daneben legte Friedrich Caspary Anfang Juli 1946 einen weiteren Entwurf vor. Als Anwalt einer sozialistischen Gesellschaft setzte die SPD auf eine neue Sozial- und Wirtschafts-ordnung, zu der umfassende Mit-bestimmungsrechte der Arbeit-nehmer und eine Änderung der kapitalistischen Eigentumsordnung durch Sozialisierung der Schlüssel-industrien gehörten. Die ent-sprechenden Reformen sollten unverzüglich in Angriff genommen werden. Darüber hinaus bekannten sich die Sozialdemokraten im Großen und Ganzen zum Geist der Weimarer Verfassung, die nach ihrem Verständnis in Grundzügen durchaus beispielgebend sein konnte. Nicht die Weimarer Ver-fassung, sondern die rücksichts-lose Ausnutzung der dort nieder-gelegten Toleranz gegenüber den Feinden der Republik hatte in ihren Augen wesentlich zum Ende der Demokratie beigetragen. Die wieder zu errichtende Demokratie war daher besonders zu sichern und zu schützen: Als geeignete Maßnahmen wurden eine Zehn-Prozent-Sperrklausel bei den Wahlen, die Möglichkeit des Verbots undemokratischer Parteien und ein Widerstandsrecht bei offensichtlichem Machtmissbrauch und Gefährdung der Grundrechte durch die Regierung gesehen. Zweite Kammer und Staatspräsident lehnten sie ab. Die SPD ging also mit einem konkreten Entwurf in die Verhandlungen. Dabei betonte sie stets, dass die verfassungspolitischen Eckwerte nur den Rahmen für einen erfolgreichen Demokratieaufbau abgeben konnten – denn:

> *„Die Institutionen einer Verfassung mögen nun noch so musterhaft sein, sie bleiben doch ein totes Skelett, wenn nicht der Mensch sie mit Fleisch und Blut erfüllt. Eine wesentliche Aufgabe, an der keine moderne Verfassung vorbeigehen kann, wird es deshalb sein, den Menschen, das Volk, mit diesen Institutionen in Verbindung zu bringen."*

So formulierte Adolf Arndt, der gemeinsam mit Minister Zinn einen weiteren sozialdemokratischen Verfassungsentwurf vorlegte, im August 1946 die Notwendigkeit, einen Verfassungspatriotismus beim Bürger zu implementieren und ihn in einen engen Kontakt mit den demokratischen Institutionen zu bringen. Eine Verfassung musste gelebt und erlebt werden. Nur dann konnte die neue Demokratie von Dauer sein.

Die CDU bildete keine Verfassungskommission, so dass Verfassungsentwürfe von Einzelpersonen wie des Rechtsanwalts Karl Kanka das Bild bestimmten. Insgesamt setzte die Partei andere Schwerpunkte als die SPD. Eine Änderung der Eigentumsordnung wollte sie nur in einem eng begrenzten Rahmen zulassen, wie überhaupt wirtschaftliche Reformen für die CDU doch eher eine nachrangige Bedeutung besaßen. Weitaus wichtiger war die grundlegende christliche Ausgestaltung der Verfassung. Bereits in den Mai-Tagen 1946 brachte Erwin Stein, führender Staats- und Verfassungsrechtler der Landespartei, die grundlegenden Verfassungsprämissen der Christdemokraten zu Papier, die von Humanismus und Christentum geprägt waren. Er plädierte für ein begrenztes Notverordnungsrecht, legte Wert auf den Schutz der Demokratie und sprach von einer völligen Gleichordnung von Staat und Kirche als der idealen Form der Trennung beider Sphären. Über diese Punkte herrschte weitgehend Einigkeit in den christdemokratischen Reihen, auch in dem Verlangen nach christlicher Simultanschule und Betonung des Elternrechts, was die Möglichkeit von Privatschulen offen ließ. In der Forderung nach einer in den Gesetzgebungsprozess einzubauenden Zweiten Kammer kam die Furcht vor einer ungebremsten Parlamentsherrschaft zum Tragen, die ja in ihren Augen Hitler 1933 erst ermöglicht hatte. So sollte das christdemokratische Modell der konstitutionellen Demokratie im Gegensatz zur reinen Mehrheitsdemokratie irgendwelche Maßlosigkeiten des Parlaments (und der Parteien) verhindern. Die Kammer sollte Schutz vor schrankenlosen Mehrheitsentscheidungen bieten. Daneben sollte ein Staatspräsident installiert werden. Dieser entsprang wenig zeitgemäßen Intentionen, die sich aus einem überzogenen föderalistischen Denken speisten.

Als „sichtbare Verkörperung des Eigenwesens" wurde ein Staatspräsident nachdrücklich in dem von den christdemokratischen Außenseitern Ulrich Noack und Paul Kremer vorgelegten „Königsteiner Entwurf einer konstitutionellen Demokratie" gefordert, der Musterbeispiel für die Umsetzung des Gedankens einer möglichst weiten Machtverteilung in Verfassungsnormen war. Auch wenn der Königsteiner Entwurf in den weiteren Beratungen der Union keine entscheidende Rolle spielte, so finden sich in ihm doch die wesentlichen christdemokratischen Orientierungsmarken gerade für den Staatsaufbau. Die Autoren setzten in Abkehr von einer reinen Mehrheitsdemokratie auf ein recht kompliziertes System der Gewaltenteilung, mit dem Recht und Freiheit insbesondere auch gegen diktatorische Bestrebungen einer parlamentarischen Mehrheit gesichert werden sollten. Offensichtlich hatten sie bei der Amtsdauer des vom Volk zu wählenden Staatspräsidenten eine Anleihe an Weimar genommen, denn der direkt vom Volk gewählte Reichspräsident hatte eine Amtszeit von sieben Jahren. Insgesamt besaß der Staatspräsident keine zentrale Funktion im christdemokratischen Verfassungsdenken, wurde daher auch bald fallengelassen, tauchte dann aber in den Verfassungsberatungen wieder aus der Versenkung auf.

Die KPD, die keinen verbindlichen Entwurf vorlegte, verwarf in ihren verfassungsrechtlichen Verlautbarungen jegliche Bestrebungen konstitutioneller Demokraten als Ansätze einer konservativen Restauration und bekannte sich vorbehaltlos zum zentralistischen Staat mit reiner Mehrheitsdemokratie. Ihr parlamentarisches Bekenntnis überraschte doch. Das galt ebenso für den einleitenden Satz im Abschnitt über die wirtschaftlichen Rechte und Pflichten in dem von der Partei vor den Verfassungsberatungen herausgegebenen programmatischen „Offenen Brief": „Die Verfassung muss das Privateigentum garantieren." Lediglich Monopole sowie Vermögen und Unternehmen, die dem allgemeinen Wohl des Volkes schadeten, sollten in Gemeineigentum überführt werden. Das waren für Kommunisten doch recht ungewöhnliche Töne, aber sie entsprangen dem Ziel, sich für die anderen Parteien als Partner zu empfehlen. Dazu war ein Bekenntnis zur parlamentarischen Demokratie nachgerade unverzichtbar.

Die programmatischen Aussagen der LDP konzentrierten sich auf die Belebung alter liberaler Grundsätze, auf freie Wirtschaft und freie Persönlichkeit. In einer liberal organisierten Wirtschaft kam dem Staat lediglich die neutrale Funktion des Regulators zu: Nur in Fällen, wo Wirtschaftsfreiheit und Wettbewerb nicht mehr vorhanden waren oder das Gemeinwohl gefährdet schien, sollte er über besondere Gerichte bei angemessener Entschädigung in die Eigentumsverhältnisse eingreifen können. In das Bild einer Verfassung unter dem Primat der freien Entfaltung gehörte auch die Verhinderung einer reinen Parlamentsherrschaft. Die Zweite Kammer sollte nach den Vorstellungen der LDP ein Senat sein, deren Mitglieder sich aus gesellschaftlichen Institutionen rekrutierten. Seine Funktion entsprach den Vorstellungen der

Christdemokraten: ein Einspruchs-
recht in der Gesetzgebung, das
vom Parlament nur mit Zweidrittel-
mehrheit zurückgewiesen werden
konnte. Einen Staatspräsidenten
lehnten die Liberalen, die erst
Anfang August kurz vor Beginn
der Beratungen einen Entwurf
nach Beschlüssen ihrer Fraktion
präsentierten, jedoch grundsätzlich
ab.

Die unterschiedlichen Verfassungs-
vorstellungen der Parteien ent-
hielten ausreichend Zündstoff für
kontroverse Debatten. Einigkeit
herrschte bei allen im Streben nach
einer parlamentarischen Demokratie. Und einig waren sie sich auch
in der Frage der Unveräußerlichkeit
der Grundrechte. Über die definitive
Ausgestaltung der Demokratie aber
gingen die Meinungen auseinander.
Hier musste im parlamentarischen
Diskurs die gemeinsame Lösung
gefunden werden. Das schien kein
einfacher Weg zu werden.

Es schälten sich grob zwei Lager
heraus. SPD und KPD hielten die
Verankerung von sozial- und wirtschaftspolitischen Reformen in der
neuen Verfassung für unerlässlich;
vor allem sollten wirtschaftliche und
soziale Rechte der Arbeiterschaft,
darunter ein weitgehendes Mitbe-
stimmungsrecht der Arbeitnehmer-
vertreter und die Sozialisierung der
Grundstoffindustrien, verankert
werden. Auch Teile der heteroge-
nen CDU, vor allem ihr linker Flügel,
konnten sich mit solchen sozial- und
wirtschaftspolitischen Zielvorstel-
lungen durchaus einverstanden
erklären. Demgegenüber setzten
die Mehrheit in der CDU und auch
die LDP, die das rechte Spektrum
in der hessischen Parteienland-
schaft ausfüllte, auf eine liberal
organisierte Wirtschaft. Weit lagen

die Vorstellungen von SPD und KPD
auf der einen, CDU und LDP auf der
anderen Seite in den Fragen des
Staatsaufbaus auseinander. Was
die Bevölkerung betraf, so war ihr
Interesse an Verfassungsfragen zu
diesem Zeitpunkt, so berichten Zeit-
genossen, nur schwer zu wecken.
Die Notzeit dominierte eben.

Die Beratungen

Am 30. Juni 1946 fanden die ersten
landesweiten Wahlen in der noch
jungen Geschichte des Landes statt.
Bei einer gegenüber den ersten
Wahlen doch sehr rückläufigen Beteiligung von 71 % erzielten SPD
44,3 %, CDU 37,3 %, KPD 9,7 % und
LDP 8,1 %. Von den 90 Mandaten
erhielten SPD 42, CDU 35, KPD 7
und LDP 6. 64 Mandate wurden
über die drei Regierungsbezirke
verteilt; die restlichen 26 über
Landeslisten. Nur vier Frauen ge-
langten in die Landesversammlung:
neben der Christdemokratin
Maria Sevenich von der SPD Grete
Teege, Anna Zinke und Elisabeth
Selbert, die später als Mitglied des
Parlamentarischen Rates an der
Ausarbeitung des Grundgesetzes
Anteil hatte und sich dabei als
Mutter des Gleichberechtigungs-
artikels 3 der westdeutschen Verfassung bleibende Verdienste er-
warb.

Am 15. Juli eröffnete der 76-jährige
CDU-Abgeordnete Siegfried Ruhl
als Alterspräsident im Realgymna-
sium Oranienstrasse in Wiesbaden
das erste demokratische Nach-
kriegsparlament Hessens, das nach-
folgend in der Gewerbeschule und
im Stadtschloss der nassauischen
Herzöge, dem heutigen Sitz des
Landtages, seine Sitzungen ab-
hielt. Das Verfassungsparlament litt

neben dem Zeitdruck auch unter schlechten Arbeitsbedingungen. Es fehlten geeignete Beratungsräume; erst allmählich wurden Infrastruktur und der notwendige Hilfsapparat gebaut. Protokolle von einigen Unterausschusssitzungen wurden gar nicht oder erst erheblich später angefertigt. Es wirft ein bezeichnendes Licht auf die Not der Nachkriegszeit, wenn der Präsident der Landesversammlung Otto Witte (SPD) die Staatskanzlei ersuchte, den Abgeordneten doch das Mittag- und Abendessen ohne die obligatorische Abgabe von Lebensmittelkarten zu gewähren. Diese Bitte lehnte die Staatskanzlei mit dem Hinweis ab, dass sie selbst nicht über genügend Lebensmittel verfüge. Auch die Unterkunft ließ zu wünschen übrig: Auswärtige Abgeordnete übernachteten auf Feldbetten in einem Hotel.

Neben den allgemein recht schwierigen Arbeitsbedingungen mussten die Abgeordneten bei den Beratungen immer im Blick haben, wie die Besatzungsmacht zur Verfassung stehen würde. Denn die Militärregierung hatte sich vorbehalten, die vorgelegte Verfassung gegebenenfalls ganz oder in Teilen („in whole or in part") abzulehnen. Das schwebte wie ein Damoklesschwert über den Verhandlungen. Es kam jedoch zu keinen direkten Eingriffen der Amerikaner bei der Diskussion über die einzelnen Verfassungsbestimmungen. Der für die Besatzungsverwaltung in Deutschland zuständige General Lucius D. Clay untersagte jegliche Einflussnahme. Nur der für Verfassungsfragen zuständige Offizier sollte den Kontakt mit den Verfassungsschöpfern halten. Allerdings ließ es sich der Direktor der Landesmilitärregierung Oberst Newman nicht

nehmen, bei der Eröffnung der Landesversammlung zu sprechen. Dass nach dem Alterspräsidenten als Zweiter der Vertreter der Besatzungsmacht an das Rednerpult trat, besaß durchaus symbolpolitischen Charakter, denn damit stellte Newman heraus, dass der Zusammentritt eines demokratischen Parlaments nach nunmehr 13 Jahren nicht ohne die Amerikaner möglich gewesen war. Die Verfassung aber sollten die hessischen Mandatsträger eigenverantwortlich entwickeln.

Für die Beratungen war es entscheidend, dass die in Front liegende sozialdemokratische Fraktion als einzige in der Lage war, mit jeder anderen Partei allein eine Verfassung zu verabschieden, selbst mit den liberal-demokratischen, was angesichts der weit auseinanderklaffenden Vorstellungen im Grunde undenkbar war. Im Bewusstsein der eigenen Stärke postulierte Ludwig Bergsträsser als führender Kopf seiner Fraktion sogleich zu Beginn der Verhandlungen: „Und ich sage Ihnen: unsere Verfassung wird eine sozialistische sein, oder sie wird nicht sein." Zugleich betonte er beruhigend für die Christdemokraten, dass die Standpunkte beider Parteien in zentralen Fragen keineswegs zu weit auseinanderliegen würden. Eine Übereinkunft sei daher durchaus möglich, aber nicht um jeden Preis, denn: „[…], wir, die Sozialdemokratische Fraktion, sind in der angenehmen Lage, dass wir mit jeder anderen Fraktion eine Mehrheit bilden können, theoretisch." Der Vorschlag der KPD, sich auf ein knappes provisorisches Organisationsstatut zu beschränken, war schnell vom Tisch. Nach der Ersten Lesung im Plenum waren die Fronten abgesteckt. Deutlich hatten alle vier

Der Hessische Minist[
VI Allg. Staatskanzl[

~~SONDER-DRUCKSACHE~~

~~AUSGEGEBEN AM 15. NOVEMBER 1946~~

—

VERFASSUNG

DES

LANDES HESSEN

~~BESCHLOSSEN~~

~~VON DER VERFASSUNGBERATENDEN LANDESVERSAMMLUNG~~

~~IN DER VI. PLENARSITZUNG~~

~~AM 29. OKTOBER 1946~~

Erste und letzte Seite der Hessischen Verfassung – das ein wenig ramponierte Exemplar mit den Unterschriften von Ministerpräsident Karl Geiler und den Ministern,

Es soll in Verbindung mit der Abstimmung über die Verfassung eine gesonderte Abstimmung über diesen Artikel 41 dergestalt erfolgen, daß die Wähler gefragt werden, ob sie den Artikel 41 in die Verfassung aufgenommen haben wollen.

Artikel 41

Mit Inkrafttreten dieser Verfassung werden
1. in Gemeineigentum überführt: der Bergbau (Kohlen, Kali, Erze), die Betriebe der Eisen- und Stahlerzeugung, die Betriebe der Energie-

wirtschaft und das an Schienen oder Oberleitungen gebundene Verkehrswesen,
2. vom Staate beaufsichtigt oder verwaltet, die Großbanken und Versicherungsunternehmen und diejenigen in Ziffer 1 genannten Betriebe, deren Sitz nicht in Hessen liegt.

Das Nähere bestimmt das Gesetz.

Wer Eigentümer eines danach in Gemeineigentum überführten Betriebes oder mit seiner Leitung betraut ist, hat ihn als Treuhänder des Landes bis zum Erlaß von Ausführungsgesetzen weiterzuführen.

Die Übereinstimmung
mit den von der Verfassungberatenden Landesversammlung
in der VI. Plenarsitzung am 29. Oktober 1946
gefaßten Beschlüssen beurkundet:

Witte
Präsident
der Verfassungberatenden Landesversammlung
Groß-Hessen

Vorstehende Verfassung ist am 1. Dezember 1946 in der Volksabstimmung angenommen worden, mit ihrer Annahme durch das Volk in Kraft getreten und wird hiermit verkündet.

Wiesbaden, den 11. Dezember 1946
Die Landesregierung

16

mit Datum 11. Dezember 1946, befand sich lange Zeit unbeachtet in der Staatskanzlei Wiesbaden und wurde erst nach Jahrzehnten erstmals veröffentlicht.

Parteien ihre Hoffnung zum Ausdruck gebracht, eine Verfassung auf breitester Grundlage zu erarbeiten.

Die eigentlichen Verfassungsberatungen fanden im 29-köpfigen Verfassungsausschuss statt, der ab dem 7. August unter dem Vorsitz Bergsträssers sich insgesamt zu 19 Sitzungen versammelte. Der Ausschuss, dem 13 Abgeordnete der SPD, zehn der CDU sowie je drei der KPD und LDP angehörten, behandelte zunächst die Grundrechte, über die weitgehend Einigkeit herrschte. Der Konflikt brach dann während der dritten Sitzung am 14. August auf, als der Regierungsaufbau auf der Tagesordnung stand. Der CDU-Fraktionsvorsitzende Erich Köhler hielt ein vehementes Plädoyer für die ständisch organisierte Zweite Kammer, die sich aus Arbeitnehmervertretern, Delegierten der Industrie- und Handelskammern, der Handwerkskammern sowie der Kulturszene zusammensetzen und ein Veto in der Gesetzgebung besitzen sollte. Dazu erweckte er wieder den Staatspräsidenten zum Leben, den man eigentlich für immer in der Versenkung geglaubt hatte. Die LDP stimmte einer Zweiten Kammer zu, die nach ihren Vorstellungen aus einem Senat mit 33 Vertretern von verschiedenen gesellschaftlichen Gruppen bestehen sollte. Sie lehnten jedoch den Staatspräsidenten – wie ihr Fraktionsvorsitzender August-Martin Euler sagte – als allzu starken Ausdruck föderalistischer Tendenzen ab.

Neben dem Staatsaufbau wurde die Sozialisierung zu einem Kernpunkt der Auseinandersetzungen. Hier legte die SPD einen umfangreichen, auch die chemische Industrie umfassenden Katalog vor. Die CDU wollte sich in Ablehnung der Sozialisierung, einer generellen Übertragung von Eigentumsrechten also, allenfalls mit Staatsaufsicht für bestimmte eng begrenzte Industriebereiche anfreunden. An diesen beiden zentralen Fragen gerieten die Diskussionen im Verfassungsausschuss in eine Sackgasse, so dass eine Einigung im kleinen Kreis, im sogenannten „Siebener-Ausschuss", erzielt werden sollte. Zunächst schien das auch zu klappen.

Die CDU akzeptierte grundsätzlich die Möglichkeit der Sozialisierung, während die SPD die für Hessen bedeutende chemische Industrie aus dem Sozialisierungsartikel strich. Sie pochte allerdings hartnäckig auf sofortige Umsetzung mit Annahme der Verfassung, denn die Sozialisierung sollte umgehend und „nicht irgendwann in einer nebelhaften Zukunft" vollzogen werden. Hier stimmte die CDU zu. Wurde in dieser Frage nach zähem Ringen eine Übereinkunft getroffen, so trog die Hoffnung der Union, dies auch bei der Zweiten Kammer und dem Staatspräsidenten zu realisieren. Mittlerweile hatten CDU und LDP ihr ursprünglich ständisches Konzept revidieren müssen. Die Militärregierung hatte wissen lassen, dass sie eine ständisch organisierte Kammer nicht akzeptieren werde. Die Amerikaner wollten diese Zweite Kammer demokratisch legitimiert und nicht nach berufsständischen Gesichtspunkten zusammengesetzt sehen. Diesem Einwand musste die CDU Rechnung tragen. Sie war aber nicht bereit, ihr Lieblingskind ganz fallen zu lassen und entwickelte nun das Modell einer Kammer, deren Vertreter von den kommunalen Parlamenten gewählt werden sollten.

Getreu der Erwartung, dass bei einem Kompromiss jede Seite Abstriche machen müsste, erneuerte die CDU ihre Forderung nach einem Staatspräsidenten. Sie tat dies in der Hoffnung, dass, wenn man den Staatspräsidenten im Rückzugsgefecht preisgab, die Sozialdemokraten dann doch wenigstens der Zweiten Kammer zustimmen würden. Und das war eigentlich die Institution, die die Christdemokraten unbedingt wollten. Der Taktiker Köhler gab – ebenso unverblümt wie ungeschickt die eigenen Interessen bloßstellend – zu verstehen, dass die „Frage des Staatspräsidenten" für die CDU erledigt sei, wenn die Zweite Kammer in der von seiner Fraktion vorgeschlagenen Weise angenommen werde. Der Staatspräsident war damit zu einem Tauschobjekt verkümmert. Das Ganze war ein durchsichtiges Manöver. Für die Sozialdemokraten gab es hier kein Verhandeln. Zwar erkannten sie durchaus die Notwendigkeit von Kontrolle im parlamentarischen System an, wiesen aber dem Staatsgerichtshof diese wichtige Funktion zu und lehnten eine Zweite Kammer kategorisch ab.

Der Siebener-Ausschuss, der in wechselnder Besetzung unter Vorsitz der beiden Sozialdemokraten Ludwig Bergsträsser und Friedrich Caspary zwischen dem 4. und 20. September fünfmal tagte, fand in der Frage Staatspräsident und Zweite Kammer keine einvernehmliche Lösung. Damit war die erste Phase der Beratungen, die Phase der allgemeinen Konsensfähigkeit, endgültig beendet. Das strikte Nein der SPD zum Zweikammersystem markierte den Beginn der zweiten Phase, die geprägt war von harter Konfrontation. Die Christdemokraten kündigten postwendend den

Die Hessen bauen wieder auf: Aufräumarbeiten in Wetzlar (April 1946).

im kleinen Kreis ausgehandelten Kompromiss in der Sozialisierungsfrage auf. Besonders schmerzhaft war es für die CDU, dass sie mit ihrer Forderung nach Konfessionsschulen vollends isoliert war, weil die SPD nicht von der Simultanschule abrückte.

Beide Parteien warfen sich gegenseitig Bruch der gemeinsam so schwer errungenen Kompromisse vor. Dieser Entwicklung sah die SPD zunächst mit einiger Gelassenheit entgegen, war sie doch in der angenehmen Situation, selbst mit der KPD allein die Verfassung machen zu können. Und das demonstrierte sie dann auch. Denn nun setzte Bergsträsser im Verfassungsausschuss rigoros das in Gang, was er später einmal als SPD/KPD-„Abstimmungsmaschine" bezeichnete. Punkt für Punkt votierten SPD und KPD in den strittigen Artikeln gegen CDU und LDP. In dem nunmehr von SPD und KPD getragenen Entwurf fand die chemische Industrie erneut Erwähnung im Sozialisierungsartikel, wurde die Simultanschule zur Regelschule erklärt. Zudem wurde die privilegierte Stellung der christlichen Kirchen gegenüber anderen Religionsgemeinschaften gestutzt.

Nach einigen ganztägigen Mammutsitzungen des Verfassungsausschusses war der nunmehr allein von SPD und KPD in Gänze getragene Entwurf am 26. September für die Zweite Lesung im Plenum fertig. Die CDU brachte kurz vor Beginn der Zweiten Lesung noch schnell den Vorschlag ein, sich auf ein vereinfachtes, immerhin noch 118 Artikel umfassendes Staatsgrundgesetz, das lediglich Bestimmungen über die Grundrechte und den Aufbau der Staatsorgane enthalten sollte, zu beschränken. Die strittigen Problemkreise wie etwa die Festlegung einer Wirtschaftsordnung waren in diesem sogenannten „Vollradser Entwurf" von Karl Kanka und Erwin Stein einfach ausgespart worden. Das war für die SPD kein gangbarer Weg aus der Krise, wenngleich der Vorschlag, sich mit einem solchen Organisationsstatut zu begnügen, durchaus bei einigen innerhalb der Sozialdemokratie auf Sympathie stieß, gerade bei jenen Kräften, die auf einen Ausgleich mit der CDU setzten. Die Mehrzahl der Sozialdemokraten wollte sich auf eine verkürzte Verfassung aber nicht einlassen. Das Band zwischen den beiden stärksten Fraktionen schien endgültig zerschnitten zu sein. Doch hinter den Kulissen herrschte reges Treiben, den Bruch doch irgendwie zu kitten. Während der Zweiten Lesung vom 29. September bis zum 2. Oktober 1946 kam es für alle überraschend auf Initiative der Christdemokraten zu einem letzten Einigungsversuch zwischen SPD und CDU. Je drei Vertreter beider Fraktionen – Ludwig Bergsträsser, Christian Stock und Friedrich Caspary für die SPD,

Erich Köhler, Karl Kanka und Georg Stieler für die CDU – trafen sich am 30. September. Was motivierte die beiden Parteien hierzu?

Die ganze Situation der Konfrontation hinterließ bei CDU und SPD einige Unzufriedenheit. Grundsätzlich schien es nicht angeraten, praktisch zwei Entwürfe, jenen von SPD und KPD und das Vollradser Papier der CDU, zur Diskussion zu stellen. Die vollkommen ausgeschaltete CDU musste auf die SPD zugehen, wenn sie überhaupt mitgestalten wollte. Auf Seiten der SPD bestimmte die Angst, mit den Kommunisten identifiziert zu werden, das Denken zahlreicher Funktionäre. Zudem befürchteten sie, dass eine allein von SPD und KPD getragene Verfassung nicht die notwendige Mehrheit in der Volksabstimmung erhalten würde. Das (vermeintliche) Linksbündnis besaß zwar in der Landesversammlung mit 49 Mandaten (gegenüber 41 von CDU und LDP) eine ausreichende Mehrheit, stand dennoch mit 54 % an Wählerstimmen auf relativ wackligen Füßen. In Hessen war der Vorsprung von SPD und KPD keineswegs so komfortabel, dass eine von diesen beiden Parteien allein getragene Verfassung ohne die Zustimmung von CDU und LDP der Mehrheit in der Volksabstimmung sicher sein konnte.

Dass eine Parlamentsmehrheit nicht unbedingt Garant für Wählermehrheit in einer Volksabstimmung sein musste, hatte das Plebiszit über die Verfassung in Frankreich bewiesen. Dort war der wesentlich von Kommunisten und Sozialisten getragene Entwurf trotz einer Mehrheit von 309 gegen 249 Stimmen in der Nationalversammlung im Referendum vom Mai 1946 mit

53 % abgelehnt worden. Frankreich schwebte den Sozialdemokraten als negatives Lehrstück vor Augen; die „französischen Verhältnisse schrecken", hatte Bergsträsser mit dem Unterton von Sorge und Unsicherheit bereits vor den Beratungen der Landesversammlung in seinem Tagebuch notiert. Bereits auf der ersten Sitzung des Plenums hatte Staatssekretär Hermann Brill (SPD), der als Chef der Staatskanzlei die Regierung bei den Verfassungsberatungen vertrat, eindringlich angemahnt, aus den Fehlern der Vergangenheit zu lernen, und darauf hingewiesen, dass eine Verfassung, „die etwa nur mit 51 % gegen 49 % angenommen" werde, „keine Rechtsgrundlage für das Staatsganze" sein könne. Die Demokratie benötige gerade in den elementaren Verfassungsfragen den breiten Konsens. Obwohl sich zu Beginn der Beratungen ein Kabinettsvertreter zu Wort gemeldet hatte, übte die Regierung keinen Einfluss auf die Arbeit der Verfassung aus. Sie war das Werk der Abgeordneten.

Die Unsicherheit in der SPD wurde noch bestärkt durch die Anordnung der Militärregierung von Mitte September, die über einen neuen nach hinten verschobenen Zeitplan hinaus auch festlegte, dass die Bildung einer demokratischen Regierung nach den Landtagswahlen nur dann möglich sei, wenn das Volk der Verfassung in dem vorgesehenen Plebiszit zugestimmt hatte. Ohne eine Verfassung würde es keinen weiteren Ausbau der Demokratie geben und der neu gewählte Landtag zu einer Verfassungberatenden Landesversammlung degradiert. Das beunruhigte die Sozialdemokraten, wollten sie doch als führende

Kraft endlich auch den Ministerpräsidenten stellen. Ihr erster Griff nach der Macht im Februar war kläglich gescheitert. Es gab also auch für die SPD hinreichend gute Gründe, die harte Haltung gegenüber der CDU aufzugeben.

Neben diesen aus dem Moment erwachsenen Motiven wirkte sich die politische Grundstimmung der Nachkriegszeit aus, sodass beide Parteien wieder aufeinander zugingen. Nach den Jahren der Zwangsherrschaft wollten sie gemeinsam den Wiederaufbau gestalten, dabei das Trennende überwinden. Trotz der Konfliktlinien in einzelnen Sachfragen gab es diesen Grundkonsens. So stieß der Vorschlag der CDU, sich erneut an den gemeinsamen Tisch zu setzen, bei der SPD auf offene Ohren. Innerhalb von vier Stunden erarbeiteten die sechs Unterhändler einen Kompromiss von historischer Tragweite. Wo einigten sich SPD und CDU?

Die SPD akzeptierte die Begrenzung des Sozialisierungsartikels. Die chemische Industrie wurde aus dem Katalog der Sofortsozialisierung gestrichen. Jetzt sollten mit Inkrafttreten der Verfassung nur noch Betriebe des Bergbaus, der Eisen- und Stahlindustrie und der Energieerzeugung sowie Verkehrsbetriebe in Gemeineigentum übergehen. Selbst in dieser reduzierten Form verursachte Artikel 41 bei vielen Christdemokraten doch weiterhin erhebliches Kopfzerbrechen. Aber diese Kröte mussten sie schlucken.

Bei der umstrittenen Zweiten Kammer fanden SPD und CDU schließlich die salomonische Kompromissformel in Artikel 155: Demnach konnte ein weiteres aus demokratischen Wahlen hervorgehendes Organ gemäß Artikel

123 (Abs. 2) eingerichtet und in das Verfahren der Gesetzgebung eingeschaltet werden. Im Grunde war die Formulierung überflüssig, denn solches war ohnehin nach Artikel 123 möglich, der festlegt: „Eine Verfassungsänderung kommt dadurch zustande, dass der Landtag sie mit mehr als der Hälfte der gesetzlichen Zahl seiner Mitglieder beschließt und das Volk mit Mehrheit der Abstimmenden zustimmt." Doch über den Artikel 155 konnte die CDU ihr Gesicht in der Frage Zweikammersystem wahren. Im kulturpolitischen Teil machte die SPD Zugeständnisse in Bezug auf Konfessionsschulen. Die Simultanschule blieb als Regel bestehen, doch wurden Privat- und Konfessionsschulen erlaubt. Vom Prinzip der Schulgeld- und Lernmittelfreiheit an allen Schulen rückte die SPD nicht ab; lediglich bei den Hochschulen konzedierte sie den Wegfall der Lernmittelfreiheit. Die Kirche erfuhr im Verhältnis zum Staat gegenüber den vorherigen Vereinbarungen von SPD und KPD doch eine Stärkung.

Während die SPD-Fraktion relativ rasch und ohne große Widerstände der Übereinkunft zustimmte, bedurfte es eindringlicher Mahnung der christdemokratischen Führung, um die Fraktion für das Kompromisspapier zu gewinnen. Insbesondere gegen eine sofortige Sozialisierung mit Annahme der Verfassung erhob sich Widerspruch. Aber da dieses Paket nur als Ganzes angenommen werden konnte und keine Veränderungen mehr möglich waren, musste die CDU-Fraktion einwilligen.

Mit der Zustimmung der beiden Fraktionen am Abend des 30. September war der Kompromiss perfekt, der der Landesversammlung

Der Direktor der amerikanischen Militärregierung in Hessen und der Verfassungsschöpfer: James R. Newman (l.) und Ludwig Bergsträsser.

am nächsten Morgen präsentiert wurde. Ludwig Bergsträsser, einer der sozialdemokratischen Architekten des Kompromisses, benannte in einer von beiden Parteien eingebrachten Erklärung vor der Landesversammlung Motive und Beweggründe für die kaum mehr erwartete Übereinkunft:

„Als es sich nun herausstellte, dass es trotz der immer wieder fortgesetzten unermüdlichen Bemühungen aller Beteiligten nicht möglich sein werde, einen Verfassungsentwurf auszuarbeiten, der die Billigung aller Parteien fand, standen die beiden großen Fraktionen der SPD und CDU vor der ernsten und bedeutungsvollen Entscheidung, ob sie unter diesen Umständen die

gemeinsamen Verhandlungen einstellen und die Meinungsverschiedenheiten über die politische, wirtschaftliche, kulturelle und soziale Gestaltung des Staates zum Gegenstand eines Kampfes um die Verfassung machen sollten. Sie waren sich bewusst, dass sie damit ihren Auftrag unerledigt in die Hände des Volkes zurückgeben würden. Sie waren sich weiter bewusst, dass ein solcher Kampf um die Verfassung zu schweren innerpolitischen Erschütterungen führen und dem Ansehen des demokratischen Gedankens abträglich sein werde. Sie waren sich ferner darüber im Klaren, dass sie damit an der klaren politischen Entscheidung der großen Mehrheit des Volkes vorübergehen würden. Das staatspolitische Verantwortungsbewusstsein zwang also dazu, neue Wege zu suchen."

Damit benannte der Vater der modernen Parteiengeschichtsforschung die wesentlichen Motive für die Übereinkunft, von der die beiden kleinen Parteien doch einigermaßen überrascht waren. Die konsternierte KPD musste sich ausgebootet fühlen, hatte die SPD doch zeitweise gemeinsam mit ihr gegen die beiden anderen Parteien gestimmt. Das war nun vergessen. Ungeachtet dessen wurde der Entwurf auf der Basis der SPD/CDU-Vereinbarung in Zweiter Lesung am 2. Oktober mit 69 Ja-Stimmen bei elf Enthaltungen angenommen. Jetzt musste die Verfassung noch die Hürde Besatzungsmacht nehmen.

Zustimmung von Besatzungsmacht und Wählerschaft

Die amerikanische Militärregierung hatte es bis dahin tunlichst vermieden, direkt in die inhaltliche Ausgestaltung der Landesverfassung einzugreifen. Das entsprach demokratischer Grundüberzeugung und der Erkenntnis, dass die gewollte Demokratisierung Deutschlands nur dann wirklich Sinn machte und von Dauer sein konnte, wenn die Deutschen sich mit einem von ihnen geschaffenen Staatsgrundgesetz identifizieren würden. Dies hinderte die Militärregierung allerdings nicht daran, von Zeit zu Zeit mit den Fraktionsführern über den Stand der Dinge zu konferieren und dabei vorsichtig anzudeuten, dass ein Übereinkommen von SPD und CDU, die in den Beratungen zeitweise in weite Ferne gerückt war, ganz im Interesse der Besatzungsmacht liegen würde. Im abendlichen Gespräch trafen sich führende Mitarbeiter der Militärregierung und hessische Verfassungsschöpfer, wobei die Amerikaner behutsam versuchten, den Deutschen eigene Vorstellungen und Wünsche näherzubringen.

Die an diesen freundschaftlichen Gedankenaustausch auf hessischer Seite geknüpfte Erwartung, es würden sich keine Widerstände bei der Militärregierung ergeben, sollte sich jedoch als zu optimistisch erweisen. Zwar schienen die Amerikaner von allen in der US-Zone entwickelten Verfassungsentwürfen von dem in Hessen am meisten zufriedengestellt, jedenfalls weit mehr als vom bayerischen. Doch erhoben sie Widerspruch gegen Artikel 41. Die darin verankerte

Landtagswahl und Volksabstimmungen am 1. Dezember 1946: Blick in ein provisorisches Wahllokal; rechts ist ein Bett zu sehen.

sofortige Vergesellschaftung industrieller Leitsektoren mit Annahme der Verfassung passte so ganz und gar nicht in die von ihnen gewollte freie Wirtschaftsordnung. Es wurde innerhalb der amerikanischen Besatzungsbehörden intensiv um die Antwort auf den Entwurf gestritten. Diese Auseinandersetzung reichte bis hinauf in die Washingtoner Regierungsämter, wurde doch die Stellungnahme zur hessischen Verfassung von einem Abteilungsleiter der US-Militärregierung in Berlin zur „bedeutendsten politischen Entscheidung seit den frühen Tagen der Besatzung" erklärt.

Die Amerikaner wollten die obligatorische Sozialisierung in Artikel 41 in eine weitaus unverbindlichere Kann-Bestimmung abgeschwächt sehen. Wie bedeutungsvoll dieser Änderungswunsch war, lassen die langwierigen Verhandlungen von Amerikanern und Deutschen er-.

kennen. Beide Seiten einigten sich schließlich darauf, den Inhalt von Artikel 41 so zu belassen, ihn jedoch einer besonderen Volksabstimmung zu unterziehen. Für die hessischen Verfassungsschöpfer erschien die gefundene Lösung durchaus als Erfolg. Damit konnten auch die Amerikaner leben, die in diesem Fall den demokratischen Anspruch höher bewerteten als ihre eigenen wirtschaftspolitischen Interessen, in denen eben für Sozialisierung kein Platz war.

Nach der doch salomonisch anmutenden Lösung in der Sozialisierungsfrage, mit der beide Seiten recht gut leben konnten, übermittelte der stellvertretende amerikanische Militärgouverneur Lucius D. Clay der Landesversammlung seine Zustimmung – ein Akzeptieren einiger geringfügiger Änderungswünsche voraussetzend – zum eingereichten Verfassungsentwurf. Er lobte die große „Sorgfalt und

Gründlichkeit", mit der die Abgeordneten das Werk vollbracht hatten:

„Die Militärregierung der Vereinigten Staaten erkennt an, dass die Verfassung des Staates Hessen den Willen des Staates Hessen ausdrückt, wie er durch die gewählten Vertreter der Bürger des Staates bestimmt worden ist: Ferner ist sie überzeugt von dem offenbaren Bestreben, dass die Verfassung die Grundlagen der Demokratie verkörpern und die Rechte der Einzelperson sichern soll."

Das amerikanische Genehmigungsschreiben machte den Weg frei zur abschließenden Dritten Lesung am 29. Oktober. In der Schlussabstimmung votierten SPD, CDU und auch KPD, diese „trotz einiger Bedenken" – so ihr Fraktionsvorsitzender Leo Bauer –, für die Verfassung, die LDP dagegen, vermisste sie doch, wie ihr Wortführer August Martin Euler hervorhob, den notwendigen „guten Schuss Liberalismus". Mit 82 gegen sechs Stimmen wurde die Verfassung verabschiedet. Sie benötigte jetzt noch den Segen des Volkes.

Die Volksabstimmungen über Verfassung und Artikel 41 fanden am 1. Dezember 1946 statt. Gleichzeitig wählten die Hessen den ersten Landtag. Der Trend der bisherigen Wahlen setzte sich bei einer Beteiligung von 73,2 % im Großen und Ganzen fort. Die SPD erlitt geringfügige Einbußen (42,7 %; 38 Mandate) zugunsten der KPD (10,7 %; 10 Abgeordnete). Einigermaßen überraschend waren die hohen Verluste der CDU, die fast sieben Prozentpunkte verlor und auf 30,9 % (28 Mandate) abrutschte. Dagegen standen Gewinne der LDP, die mit 15,7 % (14 Abgeordnete) ihr Ergebnis vom 30. Juni nahezu verdoppelte. Sicherlich lehnten zahlreiche christdemokratische Sympathisanten die Verfassungs-

Volksentscheid I
(Verfassung)

Stimmen Sie
für die von der Verfassungberatenden
Landesversammlung
am 29. Oktober 1946
verabschiedete Verfassung des
Landes Hessen?

Ja   Nein

Volksentscheid II
(Aufnahme des Artikels 41 in die Verfassung)

Stimmen Sie für die Aufnahme folgenden Artikels 41 in die Verfassung?
„Mit Inkrafttreten dieser Verfassung werden

1. in Gemeineigentum überführt: der Bergbau (Kohlen, Kali, Erze), die Betriebe der Eisen- und Stahlerzeugung, die Betriebe der Energiewirtschaft, das an Schienen oder Oberleitungen gebundene Verkehrswesen,

2. vom Staate beaufsichtigt oder verwaltet: die Großbanken und Versicherungsunternehmen und diejenigen in Ziffer 1 genannten Betriebe, deren Sitz nicht in Hessen liegt.
Das nähere bestimmt das Gesetz.

Wer Eigentümer eines danach in Gemeineigentum überführten Betriebes oder mit seiner Leitung betraut ist, hat ihn als Treuhänder des Landes bis zum Erlaß von Ausführungsgesetzen weiter zu führen."

Ja   Nein

„Ja" oder „Nein": In einer Volksabstimmung entscheiden sich die Hessen am 1. Dezember 1946 für die Annahme der Landesverfassung und für die Sofortsozialisierung nach Artikel 41.

politik der Union ab, insbesondere die Übereinkunft mit der SPD. Sie gaben diesmal ihre Stimme der LDP, die konsequent gegen Verfassung und Sozialisierung zu Felde gezogen war. Die Unzufriedenheit im christdemokratischen Wählerlager spiegelte sich im Vergleich der Ergebnisse von Landtagswahl und Volksabstimmungen wider. Die Stimmenanteile von SPD, CDU und KPD, die ihre Anhänger aufgerufen hatten, ein Ja für Verfassung und Artikel 41 abzugeben, lagen mit rund 84 % erheblich über der Zustimmung für Verfassung (76,8 %) und Artikel 41 (72 %). Bemerkenswert war darüber hinaus die hohe Anzahl ungültiger Wahlzettel bei den Referenden (jeweils um die 12 %), die gerade in den christdemokratischen Domänen über dem Durchschnitt lag.

Zur Verunsicherung der CDU-Gefolgschaft dürften Kanzelverkündigungen der katholischen Bischöfe aus Fulda, Limburg und Mainz nicht unwesentlich beigetragen haben, in denen scharfe Kritik an dem als „schmerzlich" bezeichneten Verfassungskompromiss geübt und in der „ernsteste Bedenken" erhoben wurden. „Nur aus allerzwingendsten Gründen" sahen die katholischen Würdenträger davon ab, ihre Gemeindemitglieder zur Ablehnung der Verfassung aufzurufen – eine doch diplomatische Wortwahl, mit der man die Ablehnung nur unzureichend kaschierte. Bischof Antonius von Limburg überzog es in seinem Hirtenbrief ganz und gar, als er davon schrieb, in der Verfassung Passagen zu erkennen, die „bedenklich an die Art des totalen Staates", an die Zeit der NS-Diktatur, erinnern würden. Das war eine vollkommen inakzeptable Kritik, die jedoch gewiss nicht ohne Wirkung geblieben

sein dürfte. Dagegen hielt sich die Leitung der evangelischen Landeskirche merklich zurück und rief lediglich zur Wahl auf.

So waren die ungültigen Wahlscheine in den Referenden stiller Protest von CDU-Wählern, denn es ist kaum anzunehmen, dass jeder achte Wähler bei der einfachen Entscheidung über Verfassung und Artikel 41 zwischen einem „Ja" und „Nein" irrtümlich seine Stimme falsch abgegeben hatte. Ungeachtet dessen: die Hessische Verfassung hatte – wie auch der Sozialisierungsartikel – die erforderliche Mehrheit erhalten und konnte in Kraft gesetzt werden. Die Sozialisierung war Auftrag, keineswegs nur eine rechtlich nicht bindende Absichtserklärung, wie bisweilen irrtümlich behauptet wird.

Eine solide Grundlage der Demokratie

Die Landesverfassung zeichnet sich durch eine starke Betonung der Menschen- und Bürgerrechte und durch eine konsequente Hinwendung zum Sozialstaat aus. Sie erklärt die Grundrechte für unveräußerlich und demokratische Staatsform und republikanische Verfassung als unabänderlich. Ungewöhnlich strikt ist die Trennung von Staat und Kirche verankert, in dem Kirchen und Weltanschauungsgemeinschaften ermahnt werden, sich einer Einmischung in die Angelegenheiten des Staates zu enthalten. Das gilt auch andersherum. Geschaffen wurde als hessisches Landesverfassungsgericht der Staatsgerichtshof, dem – als Resultat der Analyse der politisch instrumentalisierten Justiz der Vorzeit – neben fünf Berufsrichtern auch sechs nichtrichterliche Mitglieder anzugehören haben, die sämtlich vom Landtag gewählt werden. Zudem erhebt die Verfassung den Widerstand eines jeden Einzelnen gegen jegliche verfassungswidrig ausgeübte öffentliche Gewalt zur Pflicht.

Die Sozial- und Wirtschaftsordnung beruht nach Artikel 27 auf der Anerkennung der Würde und der Persönlichkeit des Menschen. Das Recht auf Arbeit wird proklamiert, für alle Angestellten, Arbeiter und Beamten ein einheitliches Arbeitsrecht zur Pflicht gemacht. Das Streikrecht ist verankert. Darüber hinaus erklärt die Verfassung die Aussperrung für rechtswidrig, galt sie doch den Parlamentariern als ein „unsittliches Kampfmittel", wie das einer der CDU-Abgeordneten auf den Punkt brachte. Das Aussperrungsverbot blieb ein Unikat der deutschen Nachkriegsverfassungen. Die Verfassung schreibt den Achtstundentag und einen 12-tägigen Mindesturlaub vor. Sie macht die Chancengleichheit im Bildungswesen zum Grundsatz und verfügt die Schulgeld- und Lernmittelfreiheit, auch wenn es später bei der konsequenten Umsetzung und über die Frage, was alles die „Freiheit" umfassen sollte, einige Diskussionen gab. Die Gemeinschaftsschule wird zur Standardschule erklärt. Von Besonderheit sind ebenso die direkten Mitwirkungsmöglichkeiten des Wahlvolkes über den Weg der Volksabstimmung. Mit all diesen Regelungen geht die Hessische Verfassung insgesamt doch weit über das Maß hinaus, das im Grundgesetz der Bundesrepublik Deutschland 1949 verankert werden sollte.

Die Landesverfassung war Produkt eines Aufbruchs in eine neue Zeit, unter Vermeidung von Konstruktionsfehlern historischer Vorbilder und im Rückgriff auf bewährte Traditionen. Die Schöpfer hatten die Lehren aus der Geschichte gezogen. Die Verfassung bewährte sich und sollte im Wesenskern Bestand haben, ungeachtet einiger späterer Änderungen: 1950 erfolgte die Aufhebung der Festlegung auf die Verhältniswahl (Art. 175 und Art. 137) und 1970 eine Herabsenkung des aktiven und passiven Wahlalters (Art. 73). 1991 wurde die Direktwahl von Bürgermeistern und Landräten eingeführt (Art. 138 und Art. 161) sowie der Schutz der natürlichen Lebensgrundlagen (Art. 26 a). Die nächste Änderung 2002 betraf die Aufnahme von Sport als Staatsziel (Art. 62 a) und die Zusicherung, dass

Auftakt zur Demokratie: Aufziehen der hessischen Fahne auf dem Dach des Landtagsgebäudes zur Eröffnung des ersten Hessischen Landtages am 19. Dezember 1946.

bei Übertragung von Aufgaben des Landes auf die Kommunen die erforderlichen Finanzmittel bereitzustellen sind (Art. 137 Abs. 6). Im gleichen Jahr wurde die Legislaturperiode von vier auf fünf Jahre verlängert (Art. 79). Andere Vorhaben scheiterten. Dazu zählte 1990 der Versuch der SPD, das Recht auf Wohnung und die Gleichstellung der Frau in der Verfassung zu verankern. Hierfür fand sich im Landtag keine ausreichende Mehrheit.

Auch wenn die Verfassung den gesellschaftlichen Ist-Zustand der ersten beiden Nachkriegsjahre konservierte und gewiss bald in Teilen überholt war, so wurde sie dennoch nicht gänzlich auf der Müllhalde der Geschichte entsorgt. Hin und wieder wurde gefordert, eine vollkommen neue Verfassung zu schaffen.

Man hat sich letztlich nach den zwischenzeitlichen Änderungen für eine moderate Neugestaltung auf der Basis von Empfehlungen einer vom Landtag eingesetzten Enquete-Kommission beschränkt. Nachdem das Parlament im Mai 2018 die notwendigen Gesetze beschlossen hatte, wurden die Änderungen, die u. a. die Aufnahme von weiteren Staatszielen wie die Förderung der Nachhaltigkeit und der Kultur betrafen, in einer Volksabstimmung, die gleichzeitig mit der Landtagswahl am 28. Oktober 2018 stattfand, sämtlich angenommen. Damit fiel nun endlich auch die allseits immer in den Fokus der Kritik gerückte, durch Bundesrecht ohnehin schon 1949 obsolet gewordene Möglichkeit der Todesstrafe in Artikel 21. Das Grundgesetz erklärt in Art. 102 die Todesstrafe für abgeschafft, die, daran soll hier erinnert werden, in der

DDR bis 1981 noch praktiziert und erst 1987 untersagt wurde.

Die Verabschiedung der Landesverfassung am 1. Dezember 1946 war ein Meilenstein der hessischen Nachkriegsgeschichte. Bereits 15 Monate nach seiner Gründung war Hessen zum demokratischen Verfassungsstaat geworden. Der Verfassungskompromiss von SPD und CDU legte sogleich auch das Fundament zur Großen Koalition, an deren Spitze der am 20. Dezember 1946 gewählte Christian Stock (SPD), einer der sechs am Kompromisspapier beteiligten Abgeordneten, als Ministerpräsident trat. Der gelernte Zigarrenmacher, einst Mitglied der Weimarer Nationalversammlung, amtierte bis zum Ende der Legislaturperiode 1950, als er den Stab an Georg August Zinn weiterreichte, der für fast 20 Jahre an der Spitze des Landes Hessen stehen sollte.

Die Hessische Verfassung, von Erich Köhler bei der Verabschiedung am 29. Oktober 1946 als „wahrhafte Volksverfassung" gewürdigt, hat sich über nunmehr 75 Jahre bewährt und wurde moderat den Zeitläuften angepasst. Einer ihrer Schöpfer, der Christdemokrat Erwin Stein, charakterisiert sie rückblickend nach zwei Jahrzehnten als das „erste Staatsgrundgesetz" unter den Nachkriegsverfassungen, „das den Wandel von der nur liberalhumanitären zur sozial-humanitären Ordnung vollzogen" hat. In der Tat hat sich die Landesverfassung mit ihren sozialpolitischen Verpflichtungen und einer feinsinnigen Sicherung der republikanischen Ordnung als ein starkes Fundament für die Demokratie in Hessen erwiesen.